ACETO BALSAMICO

Balsamessig

*Von der
edlen Würze aus
Traubenmost*

Vittorio Cavazzuti

Deutsch von Bianca Röhle

EDITION SPANGENBERG BEI
DROEMER KNAUR

Die italienische Ausgabe ist 1994 bei Nardini Editore in Fiesole (FI) unter dem Titel *Aceto Balsamico* erschienen.
Idee und Gesamtleitung der Reihe: Paola Rigotti
Redaktion: Andrea Galeazzi

© 1994 Nardini Editore, Fiesole (FI)
© für die deutsche Ausgabe Droemersche Verlagsanstalt Th. Knaur Nachf., München 1995

Das Werk einschließlich aller seiner Teile ist urheberrechtlich geschützt. Jede Verwertung außerhalb der engen Grenzen des Urheberrechtsgesetzes ist ohne Zustimmung des Verlages unzulässig und strafbar. Das gilt insbesondere für Vervielfältigungen, Übersetzungen, Mikroverfilmungen und die Einspeicherung und Verarbeitung in elektronischen Systemen.

Umschlaggestaltung: Lorenzo Crinelli
Umschlagillustration: Miniatur aus einem lombardischen Kodex des 14. Jahrhunderts
Printed in Italy
ISBN 3-426-26884-1

5 4 3

DIE GESCHICHTE
DES ESSIGS

Die Kunst der Essigherstellung

Die Herstellung von Balsamessig könnte man als eine «kulturelle» Errungenschaft bezeichnen. Es ist überraschend festzustellen, daß es Personen oder Betriebe gibt, die sich dieser Tätigkeit ganz verschrieben haben; ohne Zweifel ebenso überraschend wie die Hingabe, mit der einige Winzer sich dem Pressen des Tresters widmen, den sie für die Erzeugung von Grappa oder anderen Destillaten vorgesehen haben.

Balsamessig wird aus gekochtem Traubenmost hergestellt, der auf völlig natürliche Art fermentiert und sich ganz allmählich in Essig umwandelt. Dieser Prozeß war in der Antike weitgehend unbekannt und ist auch heute noch nicht vollständig erklärbar. Um Balsamessig erzeugen zu können, muß man zunächst guten Essig herstellen. Dies ist an sich schon ein Geheimnis (jeder hat sich wohl schon einmal gefragt, wie die rätselhafte «Umwandlung» von vergessenen Weinresten zu erklären ist ...). Aber das Besondere an der Herstellung von Balsamessig ist wohl die verfeinernde Wirkung, die die Essenzen des Holzes in der Entstehungs- und Lagerungsphase auf den Essig ausüben. Kleine und große Fässer für die Lagerung des Mostes werden aus Eiche, Kastanie, Kirsche, Esche und Maulbeere gebunden. Sofort denkt man an duftende Gebirgs-

wälder, an geometrisch angepflanzte Baumreihen und an Gärten, die im Frühjahr von einem Blütenteppich überzogen sind. Während Eingeweihte sich darum bemühen, Licht- und Wärmezufuhr für die «Umwandlung» zu regulieren, nimmt der Balsamessig von dem Holz der Fässer Aroma und Farbe an.

Vorsichtig werden die Erzeugnisse verschiedener Jahre von einem Faß ins nächste gegossen und auf diese Weise zusammengeführt. Hierbei ist allerdings nie Zufall am Werk: Lange Erfahrung, häufig von einer Generation auf die nächste übertragen, bestimmt die Arbeit.

Eine wohlschmeckende Erfindung

Wie das Olivenöl und der Wein, so hat auch der Essig eine sehr lange Geschichte. Nicht nur, daß im neunzehnten Jahrhundert ein Archäologe Essigspuren in einem auf die frühesten ägyptischen Dynastien datierten Krug (also ca. 5000–6000 v. Chr.) gefunden hat, sondern auch daß in antiken chinesischen Texten bezeugt wird, wie berauschend der Duft des Essigs sei und daß er als Lebenselixier angesehen werde. Damit war der menschliche Forschungsgeist dem Phänomen auf die Spur gekommen, das mit dem Wein und seiner Fermentation zusammenhängt.

Eine Entdeckung, die allerdings in der Bibel auch als schmerzbringend betrachtet wird, wenn es in den Sprüchen Salomos heißt: «Wer einem mißmutigen Herzen Lieder singt, das ist, wie wenn einer das Kleid ablegt an einem kalten Tag und wie Essig auf Lauge.»

Noch älter ist die Volksweisheit, die sagt: «Wie Essig für die Zähne und Rauch für die Augen, so ist der Faule

für seinen Auftraggeber.» Jedoch wurde dem Essig in den ältesten Schriften nicht nur die Bedeutung einer kräftigen, desinfizierenden oder heilenden Substanz zugemessen – er wurde auch zu Speisen serviert (im Buch *Ruth* 2,14 wird darauf hingewiesen, daß während des Essens Brotstückchen mit Essig getränkt wurden; ähnlich tauchten italienische Bauern lange Zeit ihr Brot in Wein). Man muß sich also die Frage stellen, ob der Legionär, der einen Schwamm in den Essig tauchte, um die Lippen des sterbenden Christus damit zu benetzen, dies aus Verachtung oder aus Mitleid tat.

Der Evangelist Markus sagt explizit, daß der Soldat Jesus mit dem in Essig getauchten Schwamm «zu trinken» gegeben habe. Bei Johannes wird dies noch deutlicher ausgedrückt. Er schreibt, daß Jesus am Kreuz noch sprach: «Mich dürstet!» und daß ihm daraufhin ein mitleiderfüllter Legionär die Lanze mit einem in Essig getauchten Schwamm reichte.

Wir wissen, daß die Juden im Altertum den Essig mit verschiedenen aromatischen Kräutern versetzten. Sie kombinierten ihn aber auch mit Fruchtsäften oder mit ein wenig Wasser und einem Löffel Olivenöl und stellten diese Mischung dann an einen kühlen Ort.

Dieses erfrischende Getränk erfreut sich im Orient heute noch allgemeiner Beliebtheit. Die römischen Soldaten nannten das Gemisch aus Essig und Wasser *posca* (so behauptet jedenfalls der lateinische Dichter Plautus). Die römischen Legionäre trugen auf langen Märschen eine kleine Flasche und ein Ledersäckchen bei sich: In der einen befand sich Essig, in dem anderen gekochter Most (*sapa*). Wenn sie durstig waren, vermischten sie die beiden Flüssigkeiten miteinander. Die Behauptung, daß die Juden dem Essig außergewöhnliche Heilkräfte zuschrieben, so daß sein Genuß auch mit Verbot belegt werden konnte, läßt sich nicht zuletzt dadurch beweisen, daß die sogenannten *nazir*, die ihr Leben Jahve (dem Gott der Israeliten) gewidmet hatten, unter anderem keine vergorenen Getränke (und damit auch keinen Essig) zu sich nehmen durften. Berühmte *nazir* waren unter anderen Samuel, Johannes der Täufer und der Apostel Paulus.

Essig ist nichts anderes als Wein, der durch den Kontakt mit der Luft sauer geworden ist (wie genau dieser Prozeß abläuft, ist bis heute nicht ganz geklärt). Der Mensch wollte sich damit jedoch nicht zufriedengeben. Er wollte es nicht einfach hinnehmen, daß ein so angenehmes Getränk wie der Wein sich in eine Flüssigkeit verwandelt, bei deren Genuß sich alles im Mund zusammenzieht und die unverdünnt kaum konsumierbar ist. Und so griff man mit Phantasie und Experimentierfreude ein und erzielte ein wunderbares Produkt. Wunderbar deshalb – und das wußte man auch schon in der Antike –, weil es beim täglichen Kochen auch in den ärmsten Familien den Geschmack vieler Lebensmittel verfeinerte und weil es darüber hinaus für die Zubereitung und Konservierung vieler Speisen verwendet werden konnte. Bei bestimmten Krankheiten und Wunden entwickelte der Essig sogar Heilwirkung.

Der Essig in der römischen und griechischen Antike

Der tägliche Gebrauch des Essigs im römischen Kaiserreich (in einer Epoche, in der alles so raffiniert sein mußte, daß die Verwendung einfacher und «bescheidener» Zutaten in der Küche verpönt war) wird durch das einzige erhaltene Rezeptbuch aus jener Zeit *De re coquinaria* bestätigt. (Heute wird dieses Buch Marcus Gavius Apicius, einem Gourmet, der in der Zeit des Kaisers Tiberius lebte, zugeschrieben.) Der Verfasser rät zum Beispiel für die

Konservierung gebratener Fische, diese mit warmem Essig zu behandeln, sobald man sie vom Feuer genommen hat. Und das Glas, in dem Austern – eine Meeresfrucht, auf die die Römer ganz versessen waren – konserviert wurden, sollte vorher sorgfältig mit Essig gereinigt werden.

Selbst für die Zubereitung des folgenden, sehr gesunden Tranks wurde

Essig verwendet: Man kochte Gerstenmehl zusammen mit Olivenöl, Zwiebeln, Bohnenkraut und Essig auf. Nach Gutdünken fügte man dem Ganzen ein wenig Honig oder gekochten Most bei. Es fällt uns heute schwer zu begreifen, daß man dieses Gemisch auch noch mit Fischsud anreicherte, aber die kulinarischen Vorlieben der alten Römer werden wir wohl nie mehr ganz nachempfinden können.

Die Griechen definierten den Essig gar als «eine Süßigkeit», wobei man allerdings berücksichtigen muß, daß sie für Süßes, Herzhaftes, Saures und Scharfes dasselbe Wort verwendeten.

Hippokrates – der berühmteste Arzt der Antike von der Insel Kos – riet dazu, Wunden mit in Essig getränkten Umschlägen zu verbinden, und behauptete, daß Essig besonders bei allen Arten von Atembeschwerden wirksam sei.

Der römische Geschichtsschreiber Plinius der Ältere berichtet in einem Abschnitt seiner *Historia Naturalis*, in dem er sich mit dem Wein befaßt, daß man ihn lange genießbar erhalten kann, wenn man die Gefäße, in denen er aufbewahrt wird, verpicht (diese Technik wird heute in Griechenland noch für die Konservierung des Retsina angewandt). Plinius sagt, daß es allgemein bekannt sei, «daß Wein, der in mit Wachs bestrichenen Gefäßen lagert, sauer wird» und sich folglich in schlechten Essig verwandelt. Und er stellt tatsächlich die Behauptung auf, daß man einen guten Wein erhalte, wenn man ihn in Gefäße füllt, in denen sich vorher Essig statt Most befunden hat.

Plinius berichtet, daß es «ganze Bücher gibt», die sich mit der Umwand-

lung von Wein in Essig befassen. Es war demnach üblich, Essig aus Wein herzustellen.

Ein weitverbreitetes Desinfektionsmittel

In der Vergangenheit lagen die Motive dafür, Wein in Essig umzuwandeln, in erster Linie in seinen heilenden Eigenschaften begründet. Noch vor zweihundert Jahren war die Essigproduktion fast ausschließlich für den pharmazeutischen Markt bestimmt. In Frankreich wurde gegen Ende des vierzehnten Jahrhunderts eine Korporation von Essigerzeugern gegründet, die sich gesetzlich verpflichten mußten, in jedem Fall über die Geheimnisse der Essigzubereitung Stillschweigen zu bewahren.

Lange Zeit hatte man geglaubt, daß es genüge, Objekte, Behälter und Geschirr, aber auch die Gliedmaßen von Menschen, die unter schweren Krankheiten litten, mit Essig abzureiben. Man nahm an, mit dieser Art der Desinfektion die Ansteckungsgefahr zu bannen. Im siebzehnten Jahrhundert versuchte man in Mailand, auf diesem Wege der Pest Herr zu werden, und noch 1720 wurde diese Methode in Marseille angewandt, als eine Pestepidemie fast die gesamte Bevölkerung der Stadt dahinraffte.

Im Mittelalter und in der Renaissance destillierten die Alchimisten Essig, um konzentriertere Lösungen zu

erhalten. Manchmal benutzten sie zu diesem Zweck auch ein System der Tieffrierung. Trotzdem war auch den Alchimisten nicht ganz klar, wie eigentlich die Umwandlung von Wein in Essig ablief.

Im siebzehnten Jahrhundert kam ein Forscher namens Lemery zu dem Ergebnis, daß der Säuregehalt des Essigs abhängig sei von der enthaltenen Menge Weinstein (ein saures Kaliumsalz, das sich in den Fässern bildet). Weinstein hat die Eigenschaft, sich in Flüssigkeit aufzulösen. Andere stellten dagegen die Behauptung auf, daß sich bei der ersten Fermentation Alkohol bildete, der sich in einem zweiten Gärprozeß wieder verflüchtigte und durch Säure ersetzt würde.

Erst der Chemiker Lavoisier entdeckte, daß die Luft die erneute Fermentation bewirkte, während Sir Humphrey Davy, ein englischer Chemiker aus der ersten Hälfte des neunzehnten Jahrhunderts, die chemische Formel für diesen Prozeß fand. Darüber hinaus lieferte Davy den Beweis dafür, daß das entscheidende Rätsel bei der Um-

A.L. LAVOISIER

wandlung in der Tatsache besteht, daß sich der im Wein enthaltene Alkohol in Essigsäure verwandelt. Diese Säure ist nichts anderes als das Produkt der Fermentation, die durch essigsäurebildende Bakterien in Gang gesetzt wird.

Man muß allerdings hinzufügen, daß Pasteur (der Vater der französischen Mikrobiologie) später dieses Phänomen noch genauer beleuchtete: Er bewies, daß es nicht die stickstoffhaltigen Substanzen des Weines waren, die die Oxidation des Alkohols und seine Umwandlung in Essigsäure hervorriefen, sondern die Vermehrung eines pflanzlichen Mikroorganismus auf der Oberfläche des Weines. Anfangs war dieser Mikroorganismus leicht und subtil, verfestigte sich allmählich aber immer mehr, um schließlich die Hauptkomponente der sogenannten «Essigmutter» zu bilden.

Ein «romantisches» Heilmittel

Fast alle Schriftsteller des neunzehnten Jahrhunderts – ganz besonders aber die französischen und russischen – erzählen von Damen, die beim ersten Anzeichen eines Streites oder beim Empfang einer Unglücksbotschaft ohnmächtig wurden.

Das ist dann der Moment, in dem eine Dienerin oder Freundin mit einem Fläschchen «Riechsalz» bewaffnet her-

beeilt. Häufig enthielten diese «Salze» vorwiegend Essig, dessen strenger Geruch die ohnmächtigen Damen sehr schnell in die Realität zurückrief.

Wenn jemand an Grippe erkrankte (was jeden Winter vorkam), ließ die Hausfrau auf dem Nachttisch neben dem Bett des Kranken eine kleine offene Flasche Essig stehen, um das Fieber zu vertreiben und um sich selbst vor der Krankheit zu schützen. Mit dieser Maßnahme sind wir wieder bei der – uralten – Theorie, daß der Essig heilende und desinfizierende Eigenschaften besitzt.

Heute sind die alten Bräuche aus der Mode, aber das Vertrauen in die guten Eigenschaften des Essigs ist deswegen noch lange nicht verschwunden. Wer einmal auf dem Land gelebt hat, weiß genau, daß hier eine Verletzung (ein Schnitt, eine Schürfung oder jede andere offene Wunde) als erstes mit Wasser und Essig ausgewaschen und desinfiziert und erst danach weiterbehandelt und verbunden wird.

Seit frühesten Zeiten wurde der Essig auch zum Haarewaschen verwendet. Er war wirksam gegen fettiges Haar, hellte die Haare ein wenig auf, und nach dem Waschen ließen sie sich gut kämmen.

Es gab keine Mutter, die ihrer Tochter nicht dazu geraten hätte, die Haare mit warmem Essigwasser zu spülen

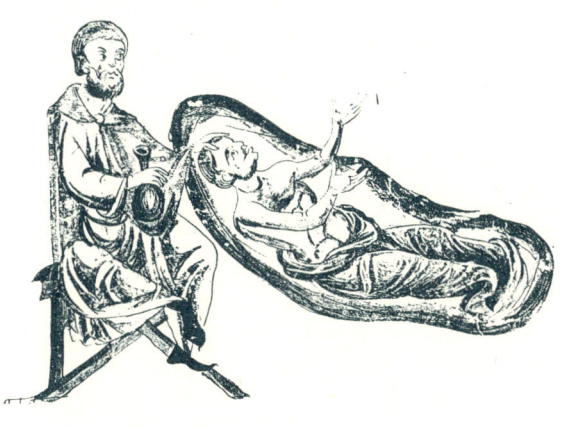

oder ein entspannendes Bad mit dem Inhalt eines Essigfläschchens anzureichern. Allerdings mußte es sich dabei

um guten, mit Liebe und Leidenschaft hergestellten Essig handeln und nicht um das zufällige Abfallprodukt aus vergessenen Weinresten.

DIE
HERSTELLUNGS-
VERFAHREN

Wie Essig entsteht

Der Essig ist das Produkt der Fermentation leicht alkoholischer Flüssigkeiten, die von aeroben Mikroorganismen der Gattung *Acetobacter* hervorgerufen wird.» So lautet eine der ersten Beschreibungen der «Umwandlung» in Essig.

Das bedeutet vor allem, daß man theoretisch mit Wein, Bier und Maische aus verschiedenen Rohstoffen wie Getreide, Kartoffeln, Obst oder auch mit reinem, mit Wasser verdünntem Äthylalkohol unter Hinzufügung von stickstoff- oder phosphathaltigen Substanzen Essig erzeugen kann.

Die Gärung der Maische (eine zukkerhaltige, konzentrierte und gekochte Flüssigkeit) findet bei einer Temperatur zwischen 20° und 30° Celsius statt. Der Alkoholgehalt der Maische darf 10–12 % nicht überschreiten. Die Maische wird der Luft ausgesetzt: Damit können sich die obengenannten Bakterien in großer Zahl entwickeln und so die allgemein als Essigmutter bezeichnete Substanz bilden.

Aber diese Vorgänge, die einfach erscheinen, garantieren noch keinen guten Essig, da die erzeugte Flüssigkeit von Blastomyzeten (Pilze, die sich durch Sprossung vermehren) vom Typ *Mycoderma aceti* angegriffen werden kann, die nach einiger Zeit einen unangenehmen Geschmack hervorrufen und das Aroma des entstehenden Essigs zerstören. Um dieser Gefahr zu begegnen, wird die Maische (sie kann, wie gesagt, aus Wein, Obst oder anderen Rohstoffen hergestellt worden sein) zunächst mit bereits reifem Essig be-

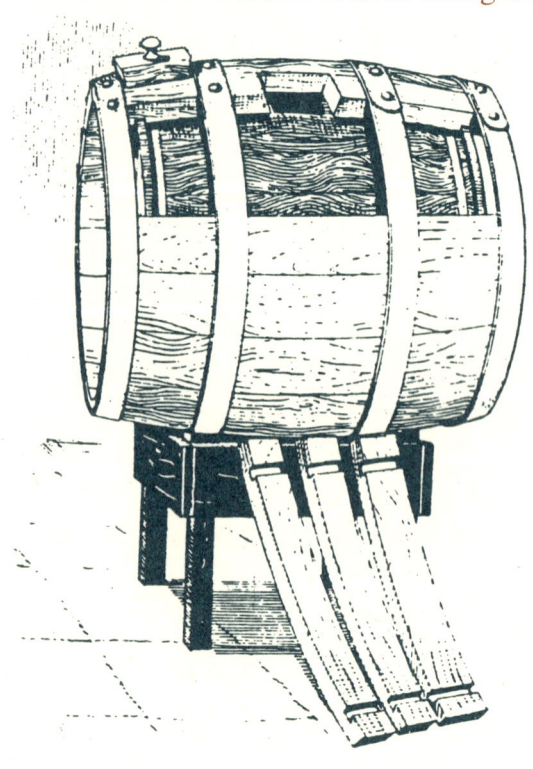

ster Qualität gesäuert oder mit Bakterien versetzt, die den Säuerungsprozeß beschleunigen.

Dabei wird der aromatischste und beste Essig aus langsam säuernden Maischen gewonnen.

Es gibt verschiedene Verfahren der Essigerzeugung. Einige von ihnen sind das Ergebnis alter und bewährter Erfahrungen (darunter bäuerliche Bräuche und Traditionen), andere wurden auf wissenschaftlichem Wege erprobt, wie das «Orléans-Verfahren» und das «Schützenbach-Verfahren».

Bei der Durchführung dieser Herstellungsverfahren werden in der Regel Bottiche aus ganz speziellem Holz verwendet, die meistens einen weiten Durchmesser und eine geringe Tiefe haben. In diesen Fässern muß die Flüssigkeit für einige Zeit ruhen.

Die traditionellen Verfahren

Eines der ältesten Verfahren der kommerziellen Essigherstellung hat seinen Namen von der französischen Stadt Orléans, wo es bis vor einigen Jahren auch noch angewandt wurde. In einem geheizten Raum (die Temperatur mußte konstant sein), lagerten in den Regalen schwere Eichenholzfässer, in denen der Wein fermentieren sollte. Jedes dieser Fässer faßte durchschnittlich 230 Liter. Durch eine kleine Öffnung in der Vorderseite wurde der Wein mit einem Trichter eingefüllt. Gleichzeitig konnte bei gleichmäßiger Raumtemperatur Luft durch eine weitere Öffnung ein- und ausströmen.

Man füllte zunächst ungefähr hundert Liter edelsten gekochten Essig zusammen mit zwei Litern Wein in das Faß. Nach einer Woche fügte man weitere drei Liter Wein hinzu; eine Woche später noch einmal vier Liter Wein. Diesen Prozeß setzte man so lange fort, bis das Faß mit ca. 200 Litern gefüllt war. Wenn diese Menge erreicht war, konnte man aus dem Faß ungefähr 80 Liter edlen Essig abzapfen und füllte dann wiederum zehn Liter Wein nach. In der darauffolgenden Woche konnte man dem Faß nun zehn Liter Essig entnehmen, und wenn alles störungsfrei verlief, konnte man diesen Prozeß so fortsetzen.

Der zum Nachfüllen verwendete Wein mußte mindestens sechs Monate gelagert sein und eine Alkoholgradation von ungefähr 10% haben. Um den erwünschten Alkoholgehalt zu erzielen, mußte man manchmal mehrere Weine verschneiden. Der Wein mußte mindestens drei Tage in einem Spezialfaß ruhen: Dieses Faß war mit Sägespänen aus Buchenholz gefüllt, auf denen sich der Weinstein und die Hefe absetzten. Der auf diese Weise geklärte Wein wurde anschließend abgezapft und zur Gärung in die entsprechen-

den Fässer gefüllt. Diese mußten vor dem Gebrauch sorgfältig mit sauberem Wasser gereinigt werden. Ungefähr alle fünf Jahre wurden sie für eine Grundreinigung auseinandergenommen. Auch die Eisenringe wurden zu diesem Zweck entfernt. Man säuberte die Holzdauben und die Böden von möglichen Weinsteinablagerungen, der Weinhefe und der Essigmutter.

Woher wußte man, ob der Prozeß der Essigerzeugung auch auf die gewünschte Weise ablief?

Der Tradition folgend wurde in die Flüssigkeit im Faß ein Stock aus weißem Holz eingeführt. Wenn man ihn wieder herauszog, war er entweder von

einem weißlichen Schaum überzogen, was bedeutete, daß die Fermentation normal verlief; war der Schaum rötlich, wies dies unmißverständlich auf Störungen hin. In diesem Fall erhöhte man entweder die Raumtemperatur, indem man dem Ofen entsprechend einheizte, oder man fügte der Flüssigkeit im Faß sehr kräftigen Essig hinzu.

Das gerade beschriebene Verfahren zur Essigherstellung wurde später in verschiedenen Varianten weiterentwikkelt, von denen sich einige durch ihre besondere «Geschwindigkeit» auszeichneten. In Deutschland wurde vor allem ein Verfahren angewendet, für das man zwei Eichenfässer benötigte. In jedem der beiden Fässer wurde ca. 30 cm über dem Boden ein hölzerner Rost angebracht, auf den abwechselnd frische Weinranken und Traubenstengel geschichtet wurden. Danach wurde eins der Fässer ganz, das andere nur zur Hälfte mit Wein gefüllt. Natürlich bestand keine Verbindung zwischen den Fässern.

Täglich glich man die verdunstete Menge Flüssigkeit des Hauptfasses mit der des anderen aus; auch durfte das volle Faß nie länger als 24 Stunden voll bleiben. In dem halbgefüllten Behälter setzte die Gärung fast unmittelbar ein, vor allem, wenn ständige Luftzufuhr gewährleistet war und die Temperatur konstant blieb. Man kalkulierte für eine gute Fermentation einen Zeitraum von ungefähr zwei Wochen, im Winter allerdings länger. Wenn der Raum, in dem die Fässer lagerten, besonders warm oder extrem feucht war, mußte der halbgefüllte Behälter alle 12 Stunden nachgefüllt werden. Die ganze Zeit mußten die Fässer abgedeckt bleiben.

Es gibt, wie gesagt, auch andere Methoden, darunter die sogenannten Schnellessigverfahren. Es handelt sich hierbei um die Essigherstellung aus der Maische von Bier, Cidre oder Obst ganz allgemein. Die auf diese Weise produzierten Essigsorten sind nicht besonders sauer, und ihr Aroma ähnelt sehr dem Geschmack des jeweiligen Rohstoffes.

Der Säureanteil des Weinessigs kann dagegen von 4 bis 9 g pro 100 cm^3 betragen.

Bei dem deutschen Schützenbach-

Verfahren wird der Ausgangsstoff in ein großes, hohes und enges Faß gefüllt. Dieser Essigbildner ist in der Regel aus Eichenholz und wird durch zwei liegende Trennwände in drei Bereiche aufgeteilt, in die jeweils Sägespäne aus Buchenholz gefüllt werden. Durch das ganze Faß laufen dünne Schnüre. Die alkoholhaltige Flüssigkeit rieselt an ihnen entlang auf die Sägespäne hinunter. Dabei erlauben die lockeren Späne, daß Luft zirkuliert und vom Duft des Holzes aromatisiert wird. Auf diesen Sägespänen entwickeln sich die Essigsäurebakterien. Um ein qualitativ befriedigendes Ergebnis zu erhalten, ist es allerdings häufig notwendig, das Verfahren mehrmals durchzuführen.

Der so erzeugte Essig besitzt noch nicht die schöne Kupferfarbe von Weinessig, und wird deshalb mit karamelisierter Saccharose oder anderen Zuckern gefärbt. Neben der Farbe fehlt diesem Essig auch das so angenehme, unverwechselbare Aroma des Weinessigs (dieser Essig hätte niemals als Riechsalz für die Damen des achtzehnten und neunzehnten Jahrhunderts dienen können!).

Essig läßt sich auch auf künstlichem Wege herstellen. Dafür wird Essigsäure mit Wasser verdünnt und mit karamelisiertem Zucker gefärbt. Doch nach den bestehenden Gesetzen (nicht nur in Frankreich und Italien) ist die Bezeichnung «Essig» nur für Produkte zulässig, die aus der Umwandlung von Wein oder Halbwein gewonnen wurden. Wenn man zum Beispiel außerhalb Italiens Essig kauft, wird man feststellen, daß auf dem Etikett eine genaue Bezeichnung wie z.B. «Weinessig» angegeben ist. Ein Essig mit der Bezeichnung «Alkoholessig» darf nur für die Konservierung landwirtschaftlicher Produkte verwendet werden. Ein

Essig, der auf künstlichem Wege hergestellt wurde, kann auf keinen Fall in Verbindung mit Lebensmitteln verwendet werden. Der Säuregehalt von Weinessig darf, wie gesagt, nicht unter 5 g pro 100 cm^3 liegen.

Gepanschter Essig

Aus dem oben Gesagten geht deutlich hervor, daß Essig auch gepanscht werden kann. Dabei wird er am häufigsten durch Essigsäure ersetzt oder mit ihr verlängert. Essigsäure läßt sich aus verschiedenen Rohstoffen destillieren. Sie kann anschließend mit Teerderivaten koloriert und mit «fremden» pflanzlichen Aromastoffen wie Thymian, Ingwer, Pfeffer oder Senf gewürzt werden. Dies ist eins der Verfahren, den oben erwähnten «künstlichen Essig» herzustellen.

Bei diesen Produkten kann sich Geschmack und Aroma mit der Zeit verändern. Um das zu verhindern, werden ihnen chemische Substanzen wie Salpetersäure, Chlorwasserstoffsäure oder Schwefelsäure zugesetzt, die je nach Dosierung für den menschlichen Organismus schädlich sein können.

Allgemein sollte man darauf achten, keinen offenen Essig zu kaufen – das Produkt sollte immer in gut verschlossenen Flaschen abgefüllt sein. Ist der Essig nicht versiegelt, handelt es sich

häufig um ein auf synthetischem Wege hergestelltes Produkt, das (wie gerade erläutert) unter Umständen schädlich für die Gesundheit ist. Heutzutage gibt es auf dem Markt fast ausschließlich industriell hergestellte Produkte, die nicht aus Wein, sondern aus Halbwein erzeugt werden (dabei handelt es sich um ein Gemisch mit maximal 5 % Alkohol). Obwohl die industriellen Balsamessige nicht zu verachten sind, sollte man auf der Eigenproduktion beharren und gute Weine für eine Sache «opfern», die von vielen Verbrauchern nicht wirklich geachtet wird. Denn der industriell hergestellte Balsamessig kann sich nur äußerst selten mit dem nach alten Hausrezepten erzeugten Produkt messen, für das ein guter, sauberer Wein verwendet wird.

DAS WUNDER
DER EDLEN WÜRZE

Was ist eigentlich Balsamessig?

Aceto Balsamico ist nicht nur eine gesunde Würze für Salate oder traditionelle Gerichte der klassischen Küche Modenas: Er kann auch im Haushalt kleine Dienste leisten. Sein im Vergleich zu «normalem» Essig sicherlich hoher Preis macht ihn allerdings nicht unbedingt als häusliches Reinigungsmittel geeignet.

Wenn man die von Wassertropfen auf Spülbecken, Armaturen, Waschbecken, Töpfen usw. hinterlassenen Kalkflecken beseitigen möchte, empfiehlt sich dafür ein mit erwärmtem Essig getränkter Schwamm. Die weißlichen Flecken verschwinden restlos. Aber in diesem Fall sollte man wirklich keinen Balsamessig verwenden – zum Wischen eignet sich ein gewöhnlicher Weinessig weitaus besser.

Balsamessig sollte man dem Gebrauch beim Kochen vorbehalten, wofür er sich unendlich viel besser eignet.

Er unterstreicht die einfachen Genüsse einer Küche (vor allem der emilianischen), die einige zu Unrecht als zu «robust» bezeichnen. Der Balsamessig mildert und bereichert den Geschmack von Salaten und rundet ihn gleichzeitig ab. Frisches Gemüse wird durch ihn noch appetitlicher. Er hinterläßt den angenehmen Nachgeschmack eines Produkts, das mit traditionellen und bewährten Verfahren hergestellt worden ist. Er hat nichts mit industriellen Erzeugnissen gemein, die qualitativ weit hinter ihm zurückbleiben. Warum sollte man nicht etwas mehr ausgeben, wenn man für sein Geld ein frisches und reines Originalprodukt erhält. Ein Produkt mit Tradition, in dem jahrhundertealte Erfahrungen konzentriert sind.

Der Stolz Modenas

Wie soll man den Beinamen «modenese» des Aceto Balsamico erläutern? Wird er in der Gegend von Modena hergestellt, wie der Name nahelegt?

Bei Balsamessig mit der Bezeichnung «modenese» handelt es sich tatsächlich um ein Produkt aus dem Umkreis Modenas, das hier ursprünglich von den alteingesessenen Familien hergestellt wurde. Interessant ist die traditionelle Behandlung der weißen Trebbianotrauben, die in Bottiche gefüllt werden, in denen die sogenannte «Essigmutter» ruht, auf die kein Essigverfahren verzichten kann.

Mario Sacchetti, einer der bedeutendsten Lebensmittelforscher unserer Tage auf dem Gebiet der Essigproduktion, schätzt, daß von einem Doppelzentner Traubenmost nach fünfmaligem Umfüllen pro Jahr nicht mehr als zwei Liter Balsamessig übrigbleiben. Der Grund hierfür liegt sowohl in der einschneidenden Reduzierung der Flüssigkeit während der Gärung als auch in ihrer Verdunstung und Konzentration während der Reifezeit.

Balsamessig wird seit Jahrhunderten in den Kellern und Speichern Modenas hergestellt. Bereits vor mindestens 150 Jahren hat man begonnen, seine chemische Zusammensetzung zu ergründen. Die ersten Ergebnisse aus der Mitte des vergangenen Jahrhunderts zeigen, daß der Balsamessig fast zur Hälfte aus Essigsäure und Ameisensäure, Acetat und Äthylformiat, Weinsteinsäure und einigen organischen Substanzen besteht.

Von der besonders dunklen Farbe dieses Essigs ausgehend gelangte man zu dem Schluß, daß die Glykosidsäuren auf natürlichem Weg mit Hilfe zuckerhaltiger Stoffe durch freie Säuren erzeugt werden. Die darauffolgenden Studien untersuchten Balsamessig, der nicht aus Wein, sondern aus dem

Most weißer Trebbianotrauben aus Modena erzeugt worden war. Man erkannte, daß das Verfahren äußerst langwierig war und sich über mehr als dreißig Jahre hinziehen konnte, wenn der Rohstoff reich an Zucker und arm an Alkohol war. Weiterhin stellte man fest, daß die Dichte des Produktes sehr unterschiedlich sein konnte. Das belegten Analysen der Essigproben, die an verschiedenen Orten von unterschiedlichen Herstellern durchgeführt wurden.

Schon in der Vergangenheit hatten Chemiker beobachtet, daß ein Zuckergehalt von mehr als 40 Gramm pro 100 Kubikzentimeter in einer Flüssigkeit die Entstehung von Enzymen und damit die Gärung verhindert. Somit schien es ausgeschlossen, daß Alkohol- und Säuregärung gleichzeitig ablaufen oder zumindest in der gleichen Flüssigkeit stattfinden können. Noch in den zwanziger Jahren dieses Jahrhunderts glaubte man an das chemische Phänomen der Essigbildung – eine These, die heute nicht mehr aufrechterhalten werden kann, da man inzwischen sehr viel genauere Experimente über die Begleitelemente der Essigsäure durchführen kann.

Mario Sacchetti untersuchte die mikrobische Zusammensetzung des Balsamessigs und berichtete von der Analyse zweier Mostproben vor und nach acht Tagen Fermentation. Die Glyzerinproduktion im fermentierten Zucker war mit der einer Alkoholgärung zu vergleichen.

Bei den Untersuchungen wurde der Gehalt an Reduktionszucker und Alkohol in dem Moment bestimmt, in dem in den Behältern Zeichen der beginnenden Fermentation sichtbar wurden, sowie nach der Analyse der Mostproben, die nach zehn Tagen Lagerung bei Zimmertemperatur mit Luft in Berührung gebracht wurden. Unklar war, ob der Alkoholgehalt von maximal 5–6 % eine Folge der hohen Zuckerkonzentration oder der ausgeprägten fermen-

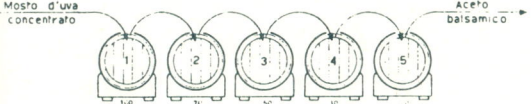

tativen Eigenschaften der vorhandenen Sproßpilze (mikroskopische Pilze oder Hefe) war. Die Beobachtungen der Wissenschaft haben gezeigt, daß es die Sproßpilze sind, die eine höhere Alkoholproduktion verhindern.

Die Erforschung der Herstellung des Balsamessigs von Modena hat aber noch weitere Erkenntnisse gebracht. So weiß man heute, daß sich die Vitalität der Essigmütter verringert, wenn der Essig in kleinere Fässer umgefüllt wird. Darüber hinaus produziert der Most der weißen Trebbianotrauben, die über ihre natürliche Reifezeit hinaus an den Weinstöcken hängen gelassen wurden, Kulturen, die Hefe enthalten.

Wenn man abschließend die Flüssigkeit untersucht, stellt man fest, daß in dem ersten Fäßchen, in das sie abgefüllt wurde, eine sehr langsame, aber anhaltende alkoholische Gärung stattfindet – vergleichbar mit der, die sich in konzentriertem Most aus Früchten, in Honigderivaten, Sirup und ähnlichem vollzieht. Gerade diese Verfahren, die viel Geduld verlangen, haben zum Markterfolg des Balsamessigs geführt.

Aus dem bereits Gesagten geht hervor – und durch diese Tatsache unterscheidet sich der Balsamessig von allen anderen üblichen Essigsorten –, daß er nicht auf der Basis alkoholischer Flüssigkeiten entsteht, sondern aus zuckerhaltigem konzentriertem Most erzeugt wird. Die in den verschiedenen Behältern abgefüllten Moste fermentieren ausgesprochen langsam. Die erzeugte Flüssigkeit fließt aus einem ersten Behälter – den man einmal im Jahr mit gekochtem und konzentriertem Traubenmost auffüllt – in einen zweiten, dessen Inhalt bereits einen ersten Gärprozeß durchgemacht hat. Anschließend wird diese Flüssigkeit in andere Behältnisse umgefüllt (in Modena nimmt man jedesmal ein kleineres Fäßchen), in denen die chemischen und enzymatischen Aktivitäten überwiegen.

Was bewirkt dieses Verfahren? Die Ursprungsflüssigkeit verändert sich extrem langsam, und diese Veränderung führt zu einer ständig zunehmenden Konzentration, bis sich schließlich jene charakteristischen Aromen entwickelt haben, die typisch für den Balsamessig sind.

In Modena und Umgebung füllt man durchschnittlich einmal im Jahr die Flüssigkeit um und kontrolliert die Aktivitäten der Mikroben. Es ist möglich, daß im Moment der Verkostung, die die Experten mit großer Aufmerksamkeit und Genauigkeit durchführen, als handle es sich dabei um ein Ritual, Unterschiede im Geschmack und Aroma der verschiedenen Balsamessige festgestellt werden. Aber diese Unterschiede gehen nie auf Kosten einer wirklich ausgeglichenen Komposition, eines guten (nämlich geringen) Essigsäureanteils und eines angemessenen Zuckergehalts.

Die Proben der unterschiedlichen Essige und der einzelnen «Mütter», an denen unter dem Mikroskop die entsprechenden Untersuchungen durchgeführt wurden, ergaben, daß in der Flüssigkeit des ersten Behältnisses Sproßpilze unterschiedlicher Form und Di-

mension vorhanden waren; man nahm an, daß sie fast völlig leblos seien. In den ersten Behältern befanden sich auch Essigbakterien und Essigmütter. Während der vitale Zustand der Sproßpilze und Essigbakterien der ersten Behälter entgegen den ursprünglichen Annahmen ermutigend war, nahmen die «Essigmütter» vom dritten Behältnis an so sehr überhand, daß sie mindestens zwei Drittel desselben ausfüllten und eine intensive braune Färbung zeigten.

Mario Sacchetti machte ein neues Experiment. Dabei entdeckte er, daß man mittels einer Entnahme zwischen den jährlichen Auffüllungen mit Mostkonzentrat feststellen konnte, ob der Balsamessig «sich optimal entwickelt und typischen Geschmack und Geruch, richtige Konsistenz und Farbe annimmt.»

«Die Untersuchungen, die angestellt wurden, um die Hefen und Bakterien zu isolieren und zu identifizieren», erläutert Sacchetti, ließen erkennen, daß «zahlreiche Hefezellen und Essigbakterien» nur im ersten Behälter existierten. In den weiteren Fässern waren diese Bakterien in den Essigmüttern gebunden. Im zweiten Behälter wurden noch lebende Essigbakterien gefunden; im dritten waren sie bereits seltener; «im vierten, fünften und sechsten haben wir kein Lebenszeichen mehr gefunden». Hier fanden

sich nur noch einige wenige schwarze und unnütze Überreste von «Müttern».

Diese Entdeckung bestätigte, daß die Funktionstüchtigkeit der Hefen nur im ersten Behälter, der jährliche «Unterstützung» durch Traubenmost erhält, gewährleistet ist. Und genau diese Hefen sind für die Fermentation ausschlaggebend und können über viele Monate aktiv bleiben. Sobald zuckerhaltiger Most zugefügt wird, setzen sie den Gärungsprozeß wieder in Gang. Trotz all dieser Erkenntnisse müssen die Wissenschaftler zugeben, daß ihnen einige Aspekte der Umwandlung weiterhin verborgen geblieben sind.

Die Weinsorten für Essig

Wir haben erwähnt, daß für die Herstellung von Aceto Balsamico der Most der weißen Trebbianotrauben verwendet wird.

Trebbiano ist ein Wein, der in der Romagna, in den Marken, den Abruzzen und an verschiedenen Orten der Provinz Latina erzeugt wird. Der Wein hat eine lichte strohgelbe Farbe, sein Duft ist angenehm, der Geschmack trocken, würzig, samtig und harmonisch. Seine Mindestalkoholgradation liegt bei 11,5 %. Dieser Wein paßt sehr gut zu Vorspeisen und Fischgerichten, schmeckt aber auch zu Omelettes und bestimmten Gemüsesorten. In der Romagna stellt man aus den Trebbianotrauben auch einen Sekt her, der bei einer Temperatur von 5–7° Celsius getrunken werden sollte, während man den Wein bei 9–10° Celsius serviert.

Das Entstehen von Balsamessig

Oft genug hört man, daß ein guter Essig klar und durchsichtig sein müsse, so als sei er auf geheimnisvolle Weise «erleuchtet».

Doch Aceto Balsamico ist konzentriert und dickflüssig. Er ist sehr dunkel und verfügt über einen unverwechselbaren Duft. Beim Kochen verleiht er Fleisch und Gemüse einen ganz ei-

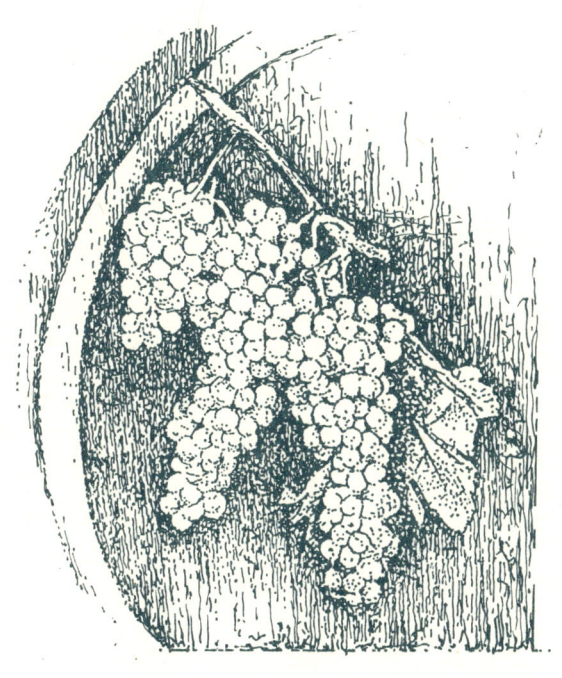

genen Geschmack. Einige Essighersteller aus der Gegend von Modena haben keine Scheu, ihn so zu präsentieren, als sei er ein Likör – und wie einen Likör bieten sie ihn ihren Besuchern zum Probieren an.

Wir haben schon erwähnt, daß man die Tebbianotrauben aus Modena sehr häufig länger als nötig am Weinstock reifen läßt; manchmal sogar bis zu den ersten kalten Herbsttagen. Erst dann werden die Trauben, die zur Herstellung von Aceto Balsamico bestimmt sind, geerntet, gepreßt und weiter wie für die normale Weinproduktion verarbeitet. Der Winzer verfolgt mit der Aufmerksamkeit eines Wissenschaftlers die erste Gärung: Schalen und Stengel steigen in den Gärbottichen

nach oben (dies geschieht sehr früh). Nun muß der Most umgehend abgezapft werden. Anschließend wird er langsam geköchelt, bis er ungefähr auf die Hälfte der Menge reduziert ist. Dabei wird laufend der Schaum von der Oberfläche abgeschöpft.

Auf diese Weise erzielt man eine erste Konzentrierung des Mostes, der dann in große Eichenholzfässer gefüllt wird. Hier entsteht nun nach verschiedenen Eingriffen zur Absäuerung (nach Mario Sacchetti sollte man dem Most Marmorstaub und Asche zufügen) eine helle Flüssigkeit, die einige Zeit ruhen muß. Die Produzenten von Aceto Balsamico sind sich nicht darüber einig, ob tatsächlich Eichenholz das beste Holz für die Fässer ist. Einige halten Kastanie, andere das Holz des Maulbeerbaumes für geeigneter.

Nachdem man zum ersten Mal eine bestimmte Menge erstklassigen Essigs zugefügt hat (in der Regel gibt man etwas mehr als ein Kilogramm dazu), füllt man zusätzlichen Most in das Faß.

Dabei muß immer etwas Luftraum im Faß bleiben.

Im zweiten Jahr wiederholt man dieses Verfahren in einem anderen Bottich und ersetzt dabei die Flüssigkeit, die auf natürlichem Weg verdunstet ist. Derselbe Vorgang wird auch

im dritten Jahr wiederholt. Aber Mario Sacchetti bemerkt dazu: «Bevor das zweite Faß wieder mit Most aufgefüllt wird, muß man mit seiner gereiften Flüssigkeit das erste Faß auffüllen. Und dies gilt für alle Jahre. Das erste Faß muß immer mit der Flüssigkeit des zweiten, das zweite mit der des dritten, das dritte mit der des vierten Gefäßes aufgefüllt werden, und so fort – bis zum letzten Faß.»

Die Umgebung, in der der Balsamessig reift, muß trocken und gut gelüftet sein. In Modena bevorzugt man Dachböden mit gleichbleibender Temperatur. Wer jemals einen solchen Boden besichtigen durfte, wird von der Sorgfalt überrascht gewesen sein, die für die Herstellung von Aceto Balsamico obwaltet. Man ist an echte Laboratorien erinnert, in denen Fässer und Fäßchen wohlgeordnet und friedlich aufgereiht sind. Und hier vollzieht sich das «Wunder»: Aus dem Most eines guten Weines wird im Laufe der Zeit ein duftender Essig, von unverwechselbarem Geschmack und Kolorit.

Eine Beobachtung, die in gewisser Weise überrascht, ist, daß diese privaten Produzenten ihren Aceto Balsamico nicht verkaufen (das überläßt man Kleinbetrieben und Industrie), sondern ihre Flaschen eifersüchtig hüten. Von Generation zu Generation werden die Geheimnisse der Balsamessigherstellung weitergereicht.

*Das Geheimnis des Essigs
aus Modena*

Schon Mitte des neunzehnten Jahrhunderts hieß es, daß das Geheimnis der Herstellung von Aceto Balsamico auf der langsamen Gärung beruhe sowie auf der Verdunstung des sauer gewordenen Mostes. So würden die weniger flüchtigen Stoffe immer konzentrierter und der Essig im Laufe der Jahre und Jahrzehnte immer erlesener und edler. Dabei wurde es zunehmend schwierig, ausreichend Fäßchen aus gutem duftendem Holz zu finden.

Aus diesem Grund sind einige Hersteller von dem Most der Trebbianotrauben abgegangen und verwenden nun den Most anderer, schneller gärender Traubensorten. Doch auch in diesem Fall muß man mindestens fünf Fäßchen aneinanderreihen (früher benutzte man bis zu zwanzig Fässer!). Beim Umfüllen verdunstet infolge eines Gasaustauschs durch die Dauben des Fasses (daher auch die Bedeutung des guten Eichen-, Kastanien- oder Maulbeerbaumholzes!) entsprechend

33 Vende Aceto

Flüssigkeit. Durch die Poren des Holzes findet ein Luftaustausch statt. Dieser Prozeß macht die mikrobiologischen Vorgänge und die enzymatische und chemische Oxidation möglich.

Die Eigenschaften von Balsamessig

Je nachdem aus welchem Wein er erzeugt wird, kann Essig weiß, rosé oder rubinrot sein. In jedem Fall – wie auch immer seine Farbe ist – muß er klar und durchsichtig und sein Aroma angenehm sein. Jedem Essig, der einen unannehmbaren Geruch verbreitet, sollte man daher mißtrauen. Eine Geruchsprüfung ist keine große Kunst, da das Aroma eines guten Essigs wirklich angenehm und unverwechselbar ist.

Im Gegensatz zu anderen Weinessigsorten hat der Aceto Balsamico – besonders jener aus Modena – eine sehr intensive, fast braune Farbe: Es ist offensichtlich, daß die Intensität des Essigs in erster Linie von der Dauer seiner Lagerung abhängt. Je länger er lagert, um so dunkler wird er, obwohl er dabei klar und transparent bleibt. Der Duft des Balsamessigs ist sehr aromatisch und sein Geschmack ein wenig süßer als der gewöhnlicher Essigsorten.

Der Kaloriengehalt des Essigs liegt

bei 26 Kalorien pro Deziliter, so daß er sich auch für Diäten eignet.

Jeder weiß, daß Essig die Verdauung anregt (wegen der Zufuhr von Enzymen) und daß er die Absorbierung von Nährstoffen durch den Organismus unterstützt. Wenige wissen dagegen, daß Essig mehr Vitamin C enthält als Zitronen. Es entbehrt demnach jeder Grundlage, wegen des Vitamins Zitrone dem Essig für Salate oder frittiertes Fleisch vorzuziehen.

Damit Essig seine Eigenschaften

voll entfalten kann, muß man allerdings einige Grundregeln beachten.

Die Flasche, in der man den Aceto Balsamico aufbewahrt, muß immer luftdicht verschlossen sein – wenn irgend möglich, sollte man den Essig in der Originalabfüllung lassen. Er sollte weder zu großer Wärme noch zu hellem Licht ausgesetzt werden. Daher hält er sich gut im Keller oder auf dem Dachboden, wenn die Raumtemperatur dort einigermaßen konstant bleibt. Ist er nicht fest verschlossen, wird der Sauerstoff die kostbare Flüssigkeit schnell trüben. Allerdings kann man ihn durch sorgfältiges, mehrmaliges Filtern wieder verwendbar machen.

Was die anderen Essigsorten betrifft (allerdings wird der Aceto Balsamico in der Küche immer der «Fürst» unter

den Essigen bleiben), sollte erwähnt werden, daß der Geschmack des weißen Essigs weniger kräftig ist als der des roten, der den Geschmack von

Fleisch und feinen Salaten besonders hervorhebt (wobei aber kein anderer Essig an richtig verwendeten Aceto Balsamico heranreicht!).

Es gibt Leute, die ihre Speisen mit Worcestersauce würzen, deren wichtigste Zutaten Malzessig, Melasse, Sardellen und Zucker sind. Hierbei handelt es sich um ein kulinarisches «Hilfsmittel», das man guten Gewissens nur für eine Küche wie die englische empfehlen kann, die keine kräftigen Speisen mit interessantem Geschmack kennt.

Davon kann beim umsichtigen Gebrauch des Aceto Balsamico nicht die Rede sein. Zweifellos kann man für bestimmte helle Fleischsorten auch

Zitronenessig oder mit Basilikum gewürzten Essig verwenden. Bereitet man das Fleisch aber mit Saucen, auf dem Holzkohlefeuer oder mariniert zu, empfiehlt sich der Gebrauch des edlen Aceto Balsamico.

Brät man Fleisch auf dem Grill (wie z. B. erstklassiges Rinderfilet, das man in Modena über glühenden Kohlen zubereitet) oder will man Wild zubereiten, verwendet man in der Regel (ebenso wie für Marinaden) Aceto Balsamico, der den Geschmack hervorhebt, die Verdauung anregt und unter Umständen auch den strengen Geschmack des Wildes mildert. Für jede

Art von gebratenem Fleisch und für alle Gemüsesorten ist Aceto Balsamico bestens geeignet.

Selbst süß-sauer zubereiteten Speisen und einigen sizilianischen bzw. süditalienischen Gerichten gibt dieses edle Produkt aus Modena die richtige Würze.

IN ESSIG EINLEGEN

Frische aus dem Glas

Einlegen in Essig ist, wie sich jeder leicht vorstellen kann, eine der einfachsten Arten, Lebensmittel zu konservieren. Trotzdem erfordert sie eine gewisse Umsicht. Der Essig sollte relativ kräftig sein (nicht so leicht wie für Salate) und einen Säuregehalt von mindestens 7 % haben. Die Angaben zum Säuregehalt des Essigs befinden sich immer auf dem Etikett. Um jedoch die größtmögliche Sicherheit zu haben und auch weil fast jede Art von Gemüse bei der Konservierung noch Wasser verliert (wodurch sich die Flüssigkeit, in der es aufbewahrt wird, natürlich verdünnt), wird allgemein geraten, den Essig etwas einzukochen und so den Wasseranteil etwas zu reduzieren. Alternativ kann man vor dem Einlegen das Wasser aus dem Gemüse entfernen. Dafür legt man es zunächst in Salz ein.

Wenn man die zu konservierenden

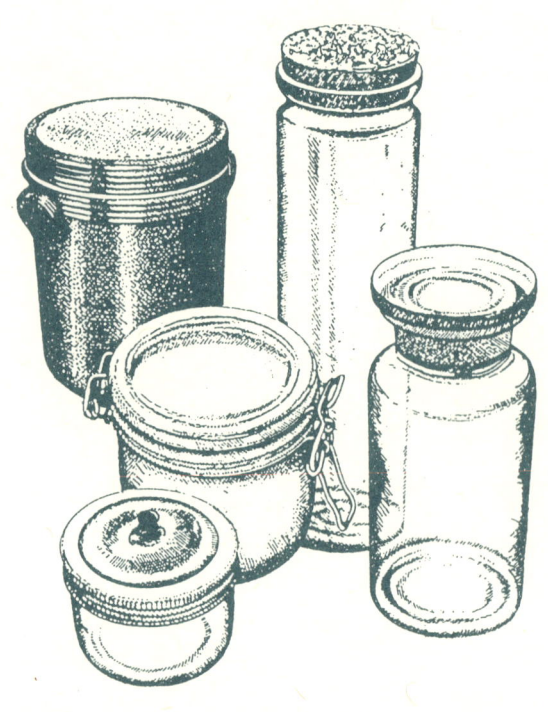

Lebensmittel mit Essig übergießt, muß man darauf achten, daß die Flüssigkeit auch tatsächlich alles bedeckt. Der Freiraum im Glas sollte immer so gering wie möglich gehalten werden. Wenn sich zuviel Luft im Glas befindet, besteht nämlich die Gefahr der Schimmelbildung.

Gefäße, die zum Einmachen benutzt werden, müssen säureresistent sein. Der Essig sollte also in Töpfen aus rostfreiem Stahl oder in feuerfesten Tontöpfen gekocht werden, die sich hermetisch verschließen lassen (Luft transportiert immer Bakterien). Die Deckel der Behältnisse sollten möglichst aus Metall bestehen. Korkverschlüsse (neue Korken, die nicht den geringsten Geruch haben dürfen), die möglichst mit einem sauberen Tuch überzogen und auch von außen durch eine durchsichtige Folie geschützt sein sollten, sind dem noch vorzuziehen. Die Folie wird mit einem Band um die Öffnung herum befestigt. Im Laufe der Zeit haben wir von den orientalischen Völkern, aber auch von unseren Bauern gelernt, daß man niemals Metall- oder Plastikbesteck verwenden darf, um das Gemüse aus dem Essig zu nehmen. Jedes Gerät aus Holz ist vorzuziehen.

Es versteht sich von selbst, daß die Holzlöffel oder -zangen sauber sein müssen und daß man zum Abtropfen das Gerät leicht über den Rand des Glases neigt. Niemals darf man entnommenen Essig, der zwischenzeitlich dann in Gläsern, Terrinen oder Saucieren war, in das Glas oder Gefäß zurückfüllen. Wenn der Essig einmal mit Luft in Berührung gekommen ist, kann er anschließend das eingelegte Produkt verderben.

An dieser Stelle möchten wir einige Ratschläge zur Konservierung in Essig von besonders empfindlichen Lebensmitteln geben. Grundsätzlich müssen die Produkte nicht nur absolut frisch sein, sondern es muß auch ein erstklassiger Essig verwendet werden. Am besten eignet sich dafür Aceto Balsamico, dessen Herstellungsverfahren ihn

dem Lebensmittel, das man konservieren möchte, ähnlich macht.

Spargel

Ob man den Spargel in Essig oder in Öl (wobei letzteres immer Olivenöl extravergine sein sollte) einlegt – in jedem Fall sollte man immer nur die Spitzen verwenden, da man mit ihnen später andere Gerichte dekoriert. Nur bei ganz jungem Spargel kann man auch einen Teil der Stangen einlegen (die aber wirklich sehr zart sein müssen; man sollte sie vorher mit einer Messerspitze prüfen).

Die Spargel werden sorgfältig unter fließendem Wasser gewaschen. Dabei diejenigen aussortieren, die nach starken Regenfällen geerntet wurden. Spitzen zu Bündeln binden (Sie werden einwenden, daß es schwierig ist, Spargelspitzen zu bündeln, aber ein Stück von der Stange wird wohl übriggeblieben sein!) und zehn Minuten in kochendes Salzwasser geben. Nachdem man die Spitzen aus dem Wasser genommen hat, werden sie zum Trocknen auf einem sauberen Küchenhandtuch ausgebreitet. Nach dem Trocknen kann man sie in saubere Glasbehälter mit ausreichend großen Öffnungen füllen. Anschließend vollständig mit erwärmtem Balsamessig bedecken, dem man je nach Geschmack einige Pfefferkörner zugefügt hat. Acht Tage im Essig ruhen lassen, dann abgießen und, nachdem man den Essig erneut erwärmt hat, ihn wieder über die Spargelspitzen gießen.

In Kalabrien gibt man jetzt noch scharfe Chilischoten, «*diavolillo*» genannt, dazu. Nach ungefähr einem Monat kann man den Spargel servieren.

Kapern

Die Kapernpflanze ist besonders in Ländern mit mildem und warmem Klima weit verbreitet. In Italien wächst sie vorwiegend in den südlichen Regionen. In der Regel handelt es sich um Kletterpflanzen, die häufig auf Steinen, Felsen und Mauern Wurzeln schlagen, manchmal entwickeln sie sich jedoch zu richtigen Bäumen. In Italien gedeiht die sogenannte *Capparis spinosa*, die im gesamten Mittelmeerraum und im Persischen Golf zu Hause ist. Sie ist bekannt für die Knospen ihrer Blüten, die eßbar sind und die man bestens in Essig konservieren kann.

Die Knospen werden mit Salz vermischt und einige Tage der Sonne ausgesetzt, um das in ihnen enthaltene Wasser abzusondern. Man läßt sie gut abtropfen. Danach legt man sie in luftdicht verschließbare Gläser und bedeckt sie mit gekochtem, abgekühltem Essig.

Wenn das Glas einmal geöffnet ist, sollte man die Kapern recht schnell verzehren. Wir raten daher, die Knospen statt in einem großen Glas in vielen kleinen einzulegen.

Gurken

Auch bei Gurken muß man dafür sorgen, daß sie vor dem Einlegen entwässert werden. Dafür werden sie zusammen mit Salz in eine Terrine gelegt, nachdem man sie vorher schon in einem Tuch mit Salz lange geschwenkt hat. Dann läßt man sie abtropfen und wäscht sie unter fließendem Wasser ab. Anschließend werden die Gurken an der Luft getrocknet. Danach legt man sie in einen Topf (nicht in den, in dem sie später konserviert werden), bedeckt sie mit gekochtem Essig und läßt sie mindestens 24 Stunden ruhen. Am nächsten Tag gießt man den Essig ab und erwärmt ihn mit einigen kleinen

Zwiebeln und den Gurken. Wenn das Ganze zu kochen beginnt, Gurken wieder aus der Marinade nehmen. Erst jetzt füllt man sie in Konservengläser ab, bedeckt sie mit feinstem Essig und gibt einige Pfefferkörner und eine Knoblauchzehe hinzu.

Vor dem Verzehr sollten mindestens zwei Monate vergehen.

Steinpilze

Ein vergleichbares Verfahren kann zur Konservierung von Pilzen angewandt werden. Die Hüte der Pilze müssen klein und fest sein, und nur die oberen, festeren Teile der Stiele können in Scheiben geschnitten und mit eingelegt werden. Die Pilze sorgfältig in Wasser, das mit einigen Spritzern Zitronensaft versetzt ist, waschen. Nach dem Abtropfen werden sie in einen mit Aceto Balsamico gefüllten Topf gelegt. Einige Lorbeerblätter beifügen. Man kocht das Ganze auf und läßt dann die Pilze auf Küchenkrepp abtropfen, bis sie ganz trocken sind. In Gläser füllen und vollständig mit Essig bedekken. Nach Geschmack gibt man einige Pfefferkörner dazu. Auf diese Weise bleibt den Steinpilzen der Duft und das Aroma erhalten. Nach ungefähr einem Monat können sie verzehrt werden.

Paprika

Auch gelbe oder rote Paprika kann man in Essig konservieren. Zuerst muß man ihre Haut entfernen (um diesen Vorgang zu erleichtern, sollte man sie einige Minuten in warmes Wasser legen) und sie anschließend in feine Streifen schneiden. Um die Zubereitung zu vereinfachen, sollte man kleine Paprikaschoten verwenden. Nachdem man den Stiel abgeschnitten hat, läßt man sie möglichst in Netzen, die ihnen erlauben, von allen Seiten zu «atmen», einige Tage an der Luft. Jetzt legt man sie in Tontöpfe und kocht sie in gesalzenem Essig. Nachdem man sie vom Feuer genommen hat, läßt man sie abkühlen und nun mindestens fünfzehn Tage lang in dem gekochten Essig ruhen. Danach aus der Marinade nehmen, abtropfen lassen und in die Konservengläser geben (unter Umständen

zusammen mit einigen Kapern). Jetzt die Paprika mit ungekochtem Essig bedecken.

Kirschen

Frische, knackige Kirschen kann man ebenfalls in Essig einlegen. Die Kirschen dürfen aber auf keinen Fall wäßrig sein und durch das Entkernen nicht zerstört werden. Früchte sorgfältig waschen, danach abtrocknen und entkernen. Anschließend gibt man sie in ein Konservenglas, das luftdicht verschlossen werden kann. In dieses Glas zuvor mindestens einen Viertelliter Aceto Balsamico füllen und mit abgeriebener Zitronenschale, drei oder vier Gewürznelken und einer Zimtstange würzen. Die Kirschen werden schichtweise in das Glas gelegt und jede Schicht mit Puderzucker bestreut. Der Essig muß die Früchte vollständig bedecken. Dabei sollte man darauf achten, daß sich keine «flüssigkeitsfreien Zonen» bilden.

Das Glas an einem dunklen und kühlen Ort mindestens zwanzig Tage lang lagern.

TRADITIONELLE REZEPTE

Im folgenden stellen wir in der konventionellen Reihenfolge (Vorspeise, Hauptgericht und Dessert) einige Rezepte vor, bei deren Zubereitung Aceto Balsamico zu Recht Verwendung findet. Manchmal wird er auch von anderen Essigsorten «unterstützt».

Die Menge der Zutaten ist für vier Personen berechnet.

Panzanella

Zutaten: 2 Eßlöffel Aceto Balsamico (die Toskaner verwenden Basilikumessig), 4 Scheiben Toskaner Weißbrot, 4 reife Tomaten, 1 Gurke, 1 kleine Zwiebel, 12 Kapern, 4 in Öl eingelegte Sardellenfilets, 1 Prise Oregano, 3 Eßlöffel Olivenöl extravergine, eine Prise Salz.

Den Essig in eine Tasse gießen und mit frischem Wasser verdünnen. Das Brot in die Flüssigkeit eintauchen und anschließend mit einem Küchenhandtuch vorsichtig ausdrücken. Die Tomaten in Stücke, Gurken und Zwiebeln in feine, halbmondförmige Scheiben schneiden. Die Brotscheiben in einer Tonschüssel ausbreiten und mit dem Olivenöl übergießen. Mit Tomatenstücken, Gurken und Zwiebelscheiben, Kapern und den zerkleinerten Sardellen bedecken. Salzen, mit Oregano bestreuen und noch ein wenig Essig und Öl zugeben. Vor dem Servieren etwas ruhen lassen.

Nudeln mit Bohnen

Zutaten: 400 g frische weiße Bohnen, 2 reichliche Eßlöffel Aceto Balsamico, 250 g kurze Nudeln, 1 kleine Zwiebel, 1 Stange Staudensellerie, 1 Knoblauchzehe, 4 Löffel Olivenöl extravergine, Salz.

Die Schalen der weißen Bohnen entfernen und Zwiebel sowie Selleriestange in feine Scheiben schneiden. Anderthalb Liter Wasser zum Kochen bringen. Die Bohnen, Zwiebel, Sellerie und den mit dem Daumen zerdrückten Knoblauch ins Wasser geben. Auf kleiner Flamme ungefähr eine Stunde lang köcheln, bis die Bohnen weich sind. Gegen Ende der Kochzeit salzen. Dann das Wasser abgießen und den Knoblauch entfernen. In der Zwischenzeit die Nudeln al dente kochen und nun unter die Bohnen mischen. Mit Öl und Aceto Balsamico abschmecken. Heiß servieren.

Reis mit Balsamessig

Zutaten: 400 g Reis, 100 g grüne Oliven ohne Stein, 50 g schwarze Oliven ohne Stein, 1 Fenchelknolle, 1 Stange

Staudensellerie, 1 halbe scharfe Chilischote, 1 Teelöffel Sardellenpaste, 2 Eßlöffel Aceto Balsamico, 5 Eßlöffel Olivenöl extravergine, Salz.

Reis in Salzwasser kochen, abgießen und in einen Tontopf füllen. Die in Stücke geschnittenen Oliven mit dem Reis vermischen. Die Fenchelknolle und die Selleriestange sorgfältig waschen, in feine Scheiben schneiden und ebenfalls mit dem Reis vermischen. Sardellenpaste im Essig verrühren und mit dem Öl und der halben Chilischote vermischen. Anschließend das Ganze über den Reis geben und unter Umständen noch einige Tropfen Essig hinzufügen. Vor dem Servieren mindestens eine Stunde ruhen lassen.

Spaghetti mit Oliven

Zutaten: 300 g Spaghetti, 12 schwarze entsteinte Oliven, 1 Eßlöffel Aceto Balsamico, 1 Aubergine, 1 Eßlöffel Weizenmehl, 1 kleine Zwiebel, 4 Eßlöffel Olivenöl extravergine, 350 g passierte Tomaten, 1 Eßlöffel Kapern, 1 Blatt Basilikum, Salz, Pfeffer.

Die Aubergine in Würfel schneiden und, ohne die Schale zu entfernen, in

Mehl wälzen; die Zwiebel fein hacken und in wenig Olivenöl extravergine anbraten, die Auberginenwürfel zugeben und alles leicht anbräunen lassen. Die Tomaten hinzufügen und mit einem Holzlöffel umrühren. Weitere fünf Minuten köcheln lassen und dann sofort die Kapern, die in Scheiben geschnittenen Oliven und das gehackte Basilikum unterrühren. Salzen, mit frisch gemahlenem Pfeffer würzen und ungefähr noch eine Viertelstunde köcheln lassen. Gegen Ende der Kochzeit gibt man den Essig zu der Sauce. Man kocht die Spaghetti al dente, gießt sie ab und gibt die Sauce darüber.

Marinierter Aal

Zutaten: 2 Aale von jeweils 600 g, 1 Handvoll Weizenmehl, 1/4 Glas Aceto Balsamico, 1/2 Glas Olivenöl extravergine, 2 Knoblauchzehen, Pfeffer, Salz.

Die Aale waschen und abtrocknen, nachdem man den Kopf entfernt hat (um sie greifen zu können, sollte man ein Küchenhandtuch verwenden). In ca. 3 cm lange Stücke schneiden, die leicht in Mehl gewälzt und anschließend in Olivenöl angebraten werden. Aus der Pfanne nehmen und auf Küchenkrepp abtropfen lassen. Nachdem man die Aalstücke gesalzen hat, in eine Terrine legen. In einem Topf den Essig mit der mit dem Daumen zerdrückten Knoblauchzehe und frisch gemahlenem Pfeffer köcheln lassen. Dann die Aalstücke mit der Marinade bedecken. Dabei darauf achten, daß der Essig sehr heiß ist und den Aal vollständig bedeckt. Das Ganze zwei Tage ruhen lassen.

Stockfisch in Balsamessig

Zutaten: 1/2 dl Aceto Balsamico, 1/2 dl Knoblauchessig, 50 g schwarze entkernte Oliven, 800 g bereits gewässerter Stockfisch, 50 g Olivenöl extravergine, etwas gehackte Petersilie, 2 Eßlöffel Kapern, 2 Eßlöffel Zucker, Salz.

Den Stockfisch in Stücke schneiden und Haut und Gräten entfernen. Das Olivenöl in einen Topf gießen und die Fischstücke dazugeben. Petersilie, Kapern und die zerkleinerten Oliven hinzufügen. In einem kleinen Topf den mit dem Knoblauchessig vermischten

Balsamessig zusammen mit dem Zukker wenige Minuten kochen lassen. Anschließend den Essig über den Stockfisch gießen. Zudecken und das Ganze ca. eine Viertelstunde lang kochen lassen. Auf keinen Fall umrühren – wenn nötig, den Topf an den Griffen anfassen und leicht schütteln.

Meeresfrüchtesalat

Zutaten: Insgesamt 800 g gemischte Meeresfrüchte, 2 Eßlöffel Olivenöl extravergine, 2 Eßlöffel Aceto Balsamico, Salz, frisch gemahlener Pfeffer.

Muscheln von den Schalen befreien und darauf achten, daß sie dabei unversehrt bleiben. Kraken und Tintenfische gut putzen und waschen, die Schalen der Garnelen entfernen. Tintenfische, Kraken und Garnelen in feine Scheiben schneiden (dafür ist ein gut geschliffenes, scharfes Messer nötig), salzen, pfeffern und in kochendes Wasser geben. Sobald sie gekocht sind, werden sie zusammen mit den Muscheln, die man in der Zwischenzeit einige Minuten in einer Pfanne erhitzt hat, mit Olivenöl und Balsamessig, der tropfenweise zugefügt wird, angemacht. Vor dem Servieren mit einem Holzbesteck wenden.

Fritierter Fisch mit Zwiebeln

Zutaten: 800 g kleine Fische (kleine Tintenfische, Strandkrabben, Garnelen, kleine Meerbarben, Sardinen, winzige Aale), 3 weiße mittelgroße Zwiebeln, 4 Eßlöffel Olivenöl extravergine, 2 Eßlöffel Aceto Balsamico, 1 Eßlöffel Zucker, Salz.

Den Fisch in Olivenöl extravergine fritieren, bis er knusprig und goldbraun geworden ist (manche wenden ihn erst in Mehl, andere halten ihn unter laufendes Wasser). Die Zwiebeln in ganz feine Streifen schneiden und in dem selben Öl anbraten, in dem der Fisch fritiert wurde (der in der Zwischenzeit aus der Pfanne genommen und zum Abtropfen auf Küchenkrepp gelegt wurde). Sobald die Zwiebel gar ist, beträufelt man den Fisch mit Aceto Balsamico und gibt etwas Zucker darüber (manche verzichten darauf). Der Fisch wird auf einen Servierteller gelegt und mit der Sauce begossen. Den fritierten Fisch kann man auch kalt servieren.

Schwertfisch an Balsamessig

Zutaten: Schwertfischscheiben von insgesamt 600–650 g, 3 Eßlöffel nicht zu junger Aceto Balsamico, 60 g Olivenöl extravergine, 2 Zwiebeln, 1 Eßlöffel Zucker, 3 Eßlöffel Weizenmehl, Salz.

Haut von den Schwertfischscheiben entfernen, dann Fisch in Mehl wälzen. In dem erhitzten Olivenöl die kleingeschnittenen Zwiebeln goldgelb dünsten und dann den Fisch dazugeben. Auf großer Flamme anbraten. Anschließend den Schwertfisch auf kleiner Flamme noch ungefähr zehn Minuten garen lassen, ihn dabei hin und wieder in der Pfanne umdrehen. Den Zucker im Essig auflösen und die Flüssigkeit über den Fisch geben. Salzen und noch etwas weiterköcheln lassen.

*Forelle
an Balsamessig*

Zutaten: 4 Forellen von je 250 g, 1 dl Aceto Balsamico, 1 Thymianzweig, 1 Zweig Majoran, 4 Eßlöffel Weizenmehl, 2 Eßlöffel Olivenöl extravergine, 30 g Butter, Salz, ganze Pfefferkörner.

Die Forellen ausnehmen, waschen und abtrocknen. Das Innere mit etwas Salz und Pfeffer, dem Thymian und Majoran würzen. Danach den Fisch in dem Mehl wälzen und in einer Pfanne braten, in der man das Olivenöl zusammen mit der Butter erhitzt hat. Aus der Pfanne nehmen, in die man anschließend den Balsamessig und einige Pfefferkörner gibt. Die Forellen auf einen Teller legen und mit dem kochenden Essig übergießen.

Erst servieren, wenn alles richtig abgekühlt ist.

Kalbsbraten an Balsamessig

Zutaten: 700 g Kalbsbraten, 2 Eßlöffel Aceto Balsamico, 2 Eßlöffel Weizenmehl, 50 g Butter, 2 Eßlöffel tiefgefrorene angebratene Zwiebeln, 1 Eßlöffel Zucker, 1 frischer Rosmarinzweig, einige grüne Pfefferkörner, 1 dl Milch, Salz.

Das Fleisch in Mehl wälzen und anschließend in einem Tontopf anbraten. Der Butter fügt man die angebratenen Zwiebeln und den Rosmarin hinzu. Langsam den Balsamessig zugeben und gut mit einem hölzernen Kochlöffel durchrühren. Den Zucker und den frisch gemahlenen grünen Pfeffer zufügen, salzen und alles ca. zwei Stunden lang kochen, wobei man den Braten hin und wieder mit etwas Milch begießt. Nach Ende der Kochzeit den Fond durchsieben, das Fleisch in Scheiben schneiden, die Sauce darübergeben und heiß servieren.

Würziges Kaninchen

Zutaten: 1 Kaninchen von ca. 1 kg, 2 Eßlöffel Aceto Balsamico, 50 g Olivenöl extravergine, 50 g in Würfel geschnittener Bauchspeck, 1 gehackte Zwiebel, 1 Lorbeerblatt, 50 g grüne Oliven ohne Kern, 50 g Sultaninen, 1 Eßlöffel Pinienkerne, 1 Teelöffel Zucker, 3 Eßlöffel Weizenmehl, Salz, frisch gemahlener Pfeffer.

Man schneidet das Kaninchen in Stücke, wäscht es, trocknet es ab und wälzt es in etwas Mehl.

Dann das Öl in einem Tontopf erhitzen und die Speckwürfel, die gehackte Zwiebel und das zerkleinerte Lorbeerblatt dazugeben. Alles langsam erhitzen und anschließend die Kaninchenstücke hinzufügen. Wenn das Fleisch ausreichend angebraten ist, die Pinienkerne, Oliven und die eingeweichten Sultaninen dazugeben.

Den Zucker in lauwarmem Wasser auflösen, Balsamessig hinzufügen und alles langsam in die Kasserolle fließen lassen. Alle Kaninchenstücke sollten dabei gleichmäßig begossen werden.

Das Ganze eine knappe halbe Stunde garen lassen. Hin und wieder umrühren.

*Rinderfilet
an Balsamessig*

Zutaten: 1 Filet von mindestens 180 g pro Person, 50 g Olivenöl extravergine, 2 gut gefüllte Eßlöffel Aceto Balsamico, frisch gemahlener Pfeffer.

Im Piemont ergänzt man das Ganze noch mit ein wenig Senf und einem gehackten hartgekochten Ei.

Filet eignet sich ohne Zweifel am besten von allen Fleischstücken für die Zubereitung auf dem Grill. Das im Fleisch enthaltene Blut bildet durch die Hitze des Holzkohlenfeuers einen köstlichen Jus, während die zarten Fasern des Fleisches auf der Zunge zergehen.

Ein gutes Filetstück muß mindestens 3 cm dick sein. Man sollte es vor dem Grillen grundsätzlich mit Olivenöl extravergine bestreichen und einige Tropfen Aceto Balsamico darübergeben. Der richtige Augenblick zum Servieren ist erreicht, wenn das gegrillte Fleisch außen dunkel und fest, innen aber noch weich und rötlich ist. Man sollte es erst nach dem Grillen mit Salz und frisch gemahlenem Pfeffer würzen.

Gemüsezwiebeln mit Honig

Zutaten: ungefähr 12 frische Gemüsezwiebeln, 50 g Butter, 2 Eßlöffel Aceto Balsamico, 80 g Kastanienblütenhonig.

Die Außenhaut der Gemüsezwiebeln entfernen und sie in gesalzenem Wasser kochen. Anschließend abtropfen lassen. Butter in einem Tontopf erwärmen und Gemüsezwiebeln darin schwenken. Sobald die Butter heiß ist, tropfenweise den Aceto Balsamico hinzufügen und bei geringer Hitze allmählich verdunsten lassen. Bei kleiner

Flamme den flüssigen Honig zugeben. Vorsichtig mit einem Holzkochlöffel umrühren, bis eine karamelisierte Sauce entsteht. Zwiebeln mit Flüssigkeit zum Abkühlen in eine Schüssel füllen.

Pikante *Auberginen*

Zutaten: 600 g kleine Auberginen, 3 Eßlöffel Aceto Balsamico, Salz, Muskatnuß, Gewürznelken, einige schwarze Pfefferkörner, 1 Zimtstange, ein halbes Glas Olivenöl extravergine.

Die Auberginen der Länge nach in zwei Hälften schneiden und in einem Topf, in den man vorher Aceto Balsamico und eine gute Handvoll Salz gegeben hat, kochen lassen. Nach einigen Minuten etwas Muskatnuß hineinreiben und die Gewürznelken und die ganzen Pfefferkörner dazugeben. Sobald die Auberginen gekocht sind (der Essig ist dann fast völlig verdunstet), Gemüsehälften in ein Sieb setzen und gründlich abtropfen lassen. Dann zusammen mit etwas Zimtpulver und einigen Gewürznelken auf einem Teller anrichten.

Zum Schluß gibt man einen kräftigen Schuß Olivenöl darüber.

Salatmischung Kalabrien

Zutaten: 2 Auberginen, 3 Kartoffeln, 2 Zwiebeln, 2 Eßlöffel Aceto Balsamico, 4 Eßlöffel Olivenöl extravergine, 1 Teelöffel getrockneter Oregano, einige Blätter Pfefferminze, Salz, Pfeffer.

Die ganzen Auberginen zusammen mit den Kartoffeln gar kochen. Die Zwiebeln in einem anderen Topf kochen. Die Auberginen in Scheiben, die geschälten Kartoffeln und die Zwiebeln in Würfel schneiden. Alles in eine Salatschüssel geben, mit Olivenöl und Aceto Balsamico, Salz und Pfeffer anmachen. Den Salat langsam und gründlich wenden. Zum Schluß den Oregano, den gemahlenen Pfeffer und einige Blätter gepflückter Minze zugeben.

Milder Endiviensalat mit Bresaola

Zutaten: 70 g Bresaola (oder Rauchfleisch), 2 Eßlöffel Aceto Balsamico, 4 Tomaten, 2 grüne Äpfel, Saft einer Zitrone, 1 kleiner Kopf Endiviensalat, 3 Eßlöffel Olivenöl extravergine, Salz, frisch gemahlener Pfeffer.

Die Tomaten in Stücke schneiden, den Salat und die Äpfel gut waschen. Letztere in Scheiben schneiden und mit Zitronensaft beträufeln. Das Fleisch in hauchdünne Scheiben schneiden und den Salat zerkleinern. Alle Zutaten in die Salatschüssel geben und vermischen. Mit Aceto Balsamico, Olivenöl, Salz und dem frisch gemahlenen Pfeffer eine Vinaigrette (vgl. S. 105) zubereiten, über die Zutaten geben und alles gut, aber vorsichtig mischen. Dieser Salat muß vor dem Servieren mindestens fünf Minuten ruhen.

Mariniertes Kalbshirn

Zutaten: 500 g Kalbshirn, 2 Eßlöffel Aceto Balsamico, 2 Knoblauchzehen,

2 Eßlöffel Zitronensaft, 4 Eßlöffel Olivenöl extravergine, 1 Eßlöffel gehackte Petersilie, Salz.

Das Hirn in einen tiefen Teller legen und mit Wasser und Aceto Balsamico bedecken. Ungefähr vierzig Minuten ruhen lassen. Abtropfen lassen und in eine Kasserolle legen, mit gesalzenem Wasser bedecken und ca. eine halbe Stunde köcheln lassen. Wieder abtropfen lassen. Nach dem Abkühlen vorsichtig in Scheiben schneiden. Die Knoblauchzehen mit dem Daumen zerdrücken, in einer Tasse mit Zitronensaft, Olivenöl und einer Prise Salz mischen und über das Fleisch geben. Zum Schluß die fein gehackte Petersilie darüberstreuen.

Salat mit Gemüsezwiebeln und Sardellen

Zutaten: 8 Gemüsezwiebeln, 6 Sardellen, 2 Eßlöffel Aceto Balsamico, 4 Eßlöffel Olivenöl extravergine.

Die Zwiebeln in Scheiben schneiden. Die Gräten der Sardellen entfernen und den Fisch in zwölf Filets zerlegen. Die Sardellenfilets mit einem Holzlöffel mit den Zwiebelscheiben vermischen. Mit Vinaigrette aus Aceto Balsamico, Olivenöl, Salz und Pfeffer anmachen. Vor dem Servieren den Salat zwei Stunden ruhen lassen.

Bohnensalat

Zutaten: 800 g geschälte frische dicke Bohnen, das Innere eines Kopfsalats, 100 g roher Schinken, 2 Eßlöffel Aceto Balsamico, 1 Eßlöffel süßer Senf, 4 Eßlöffel Olivenöl extravergine, einige Pfefferminzblätter, Salz, frisch gemahlener Pfeffer.

Das Kochwasser mit der Minze aromatisieren und Bohnen gar kochen. Einige Salatblätter in feine Streifen schneiden. Den Schinken ebenfalls in dünne Streifen schneiden (auch den Fettrand). Aceto Balsamico mit dem Senf, ein wenig Salz, dem frisch gemahlenen Pfeffer und dem Olivenöl vermischen.

Vor dem Servieren die Sauce mit einem Holzlöffel vorsichtig und sorgfältig unter die Bohnen, den Salat und den Schinken heben. Mit etwas gehackter Minze bestreuen.

Lampasciunisalat

Zutaten: 600 g Lampasciuni, 2 Eßlöffel Aceto Balsamico, 4 Eßlöffel Olivenöl extravergine, schwarzer frisch gemahlener Pfeffer.

Lampasciuni sind kleine runde und helle Zwiebeln, die mit Vorliebe in Kalabrien und Apulien verwendet werden. Das Rezept gelingt aber auch mit Schalotten.

Nachdem man die Zwiebeln gekocht hat, werden sie auf einen Teller gelegt. Man zerdrückt sie ein wenig, so daß sie sich öffnen und die Sauce aus dem Aceto Balsamico und dem Olivenöl besser absorbieren.

Zum Schluß gibt man eine kräftige Prise frisch gemahlenen Pfeffer über die Zwiebeln.

Eiersalat

Zutaten: 4 Eier, 4 reife Tomaten, 150 g geräuchertes Forellenfilet (oder Räucherlachs), 2 Eßlöffel Aceto Balsamico, ein halbes Glas Olivenöl extravergine, 300 g grüne Bohnen, Salz.

Die Eier hart kochen, pellen und

ebenso wie die Tomaten in Stücke schneiden. Die grünen Bohnen in Salzwasser kochen. Die Forellen (oder den Lachs) entgräten und die Haut entfernen. Den Fisch mit einer Gabel zerdrücken. Alle Zutaten in eine Salatschüssel füllen. In einer Tasse den Aceto Balsamico mit Olivenöl und einer Prise Salz verrühren. Die Sauce über den Salat gießen, der anschließend gut gewendet werden muß.

*Spiegeleier
mit Balsamessig*

Zutaten: 8 frische Eier, 100 g Butter, 2 Eßlöffel Aceto Balsamico, 2 Eßlöffel Zucker, ein halbes Glas Olivenöl extravergine, 8 Scheiben Brot, Salz.

Das Olivenöl in eine Pfanne gießen und darin die Brotscheiben anbraten. Das Brot herausnehmen und in derselben Pfanne die Hälfte der Butter schmelzen. Die Eier hineingeben, die Pfanne mit einem Deckel verschließen und ungefähr drei Minuten auf kleiner Flamme braten. Die Eier herausnehmen und auf die Brotscheiben setzen.

Die restliche Butter, den Essig und den Zucker in die Pfanne geben, salzen und einige Minuten köcheln lassen. Anschließend die Sauce über die Eier verteilen.

Edle Marinade

Zutaten: eine halbe Zitrone, 2 Schalotten, 2 Thymianzweige, 4 schwarze Pfefferkörner, ein halbes Glas trokkener Weißwein (wahlweise Trebbiano, Pinot, Traminer), 1 dl Aceto Balsamico, 1/2 dl Olivenöl extravergine, Salz.

Die Schalotten zusammen mit dem Thymian hacken, anschließend den Saft der halben Zitrone dazugeben. Den Pfeffer mahlen. Den Wein zusammen mit dem Aceto Balsamico darübergeben und gut durchrühren. Das Olivenöl hinzufügen und salzen.

In dieser Marinade kann man Fasane und Hähnchen marinieren. (Mindestens anderthalb Stunden.)

Milde Kapernsauce

Zutaten: 50 g Kapern, 2 bis 3 Eßlöffel Aceto Balsamico, 6 in Öl eingelegte Sardellenfilets, 1 Eßlöffel fein gehackte Petersilie, 1/2 dl Olivenöl extravergine, Salz.

Kapern und Sardellen fein hacken und zusammen mit der Petersilie mit dem Balsamessig vermischen. Vorsichtig salzen und zehn Minuten lang auf kleiner Flamme köcheln. Kurz ruhen lassen, dann das Olivenöl dazugeben. Diese Sauce eignet sich für Kochfleisch oder Gemüse.

Minzsauce mit Balsamessig

Zutaten: 3 Eßlöffel Aceto Balsamico, 1 Handvoll frische Pfefferminzblätter, 1 Teelöffel Zucker.

Die Pfefferminzblätter zusammen mit einem Eßlöffel kochendem Wasser, dem Aceto Balsamico und Zucker in einen Mixer geben. Diese einfache und schmackhafte Sauce eignet sich vorzüglich als Beilage zu Braten.

Sauce Hollandaise

Zutaten: 2 Eßlöffel Aceto Balsamico, 3 Eigelbe, 300 g Butter, 1 Teelöffel Zitronensaft, Salz, frischer Pfeffer.

Den Essig mit 2 Eßlöffel Wasser aufkochen. Wenn ein Teil der Flüssigkeit verdunstet ist, wird der Topf ins Wasserbad gestellt. Einen Teelöffel Wasser und die geschlagenen Eigelbe dazugeben. Das Ganze gut vermischen und vorsichtig mit einem Holzlöffel verrühren. Die Butter in Stücke schneiden und ein Stück nach dem anderen in die Eiermasse geben. Darauf achten, daß jedes Stück geschmolzen ist, bevor man ein neues hinzufügt. Etwas Wasser tropfenweise hineinrühren. Sobald die Sauce fertig ist, den Topf aus dem Wasserbad nehmen. Mit dem Zitronensaft abschmecken. Salzen und mit einer Spur Pfeffer würzen.

Erdbeeren an Balsamessig

Zutaten: 800 g Walderdbeeren, ein halbes Glas Trebbiano, 150 g Zucker, den Saft einer Zitrone, 2 Eßlöffel Aceto Balsamico.

Die Erdbeeren waschen und gut abtropfen lassen. Die Blütenkelche entfernen und die Früchte auf vier Dessertschalen verteilen, mit Zucker bestreuen und mit Zitronensaft beträufeln. Sehr vorsichtig vermischen und mindestens eine Stunde in den Kühlschrank stellen. Danach langsam einige Tropfen Wein und Aceto Balsamico über die Früchte gießen. Noch einmal vorsichtig wenden und servieren.

Vinaigrette

Die Salatsauce, die von den Franzosen Vinaigrette genannt wird, verdient es, an dieser Stelle erwähnt zu werden. Es handelt sich um ein Gemisch aus Essig, Olivenöl extravergine, Salz und Pfeffer. Diese Zutaten sind im Grunde die Basis einer jeden guten Salatsauce. Die Vinaigrette kann aber mit Hilfe schmackhafter Zutaten verfeinert werden.

Wenn man dem Essig-Öl-Gemisch z. B. etwas gehackte Petersilie hinzufügt, erhält man eine Sauce, die gemeinhin «englische Sauce» genannt wird.

Die Franzosen dagegen, die seit jeher den Geschmack der im Midi – und hier vor allem in der Provence – wachsenden Kräuter und Gewürze gewöhnt sind, verwenden die frischen Spitzen von Estragon, Knoblauch, Basilikum, ja alle Kräuter, die sie als *herbes fines* bezeichnen, für die Zubereitung der Vinaigrette.

Die Engländer, deren Küche vielleicht zu Unrecht für phantasielos gehalten wird – zumindest wenn man sie mit der französischen, italienischen oder spanischen vergleicht –, haben für ihre Saucen (und in der Zubereitung von Saucen macht den Engländern niemand etwas vor) neue Techniken ersonnen. So würzen sie beispielsweise besten Weinessig nach indischer Sitte mit Currypulver (ob mit süßem oder scharfem, bleibt dem Geschmack des Einzelnen überlassen).

Gegen Ende des achtzehnten Jahrhunderts erfanden die britischen Gewürzhändler Lea und Perrins die Worcestersauce, die auf der Basis von Malzessig, Sardellen, Knoblauch, Schalotten, Tamarinde und Gewürznelken hergestellt wird.

Die Deutschen lösen Senfpulver in edlem Essig auf; in Venedig wurde in guten alten Zeiten, als die Stadt noch eine mächtige und unabhängige Republik war, grüner Pfeffer grob gehackt und zur Verfeinerung des Essigs aus dem Veneto verwendet; auf Sizilien, auf Malta und auf einigen griechischen Inseln löste man Sardellen oder Sardellenpaste in reinem Essig auf, den man aus überreifen Trauben erzeugt hatte; in Kalabrien und Apulien wird der Essig mit ganz frischen Kapern oder mit gehackten und entkernten Oliven (sowohl grünen als auch schwarzen) angereichert.

Den Amerikanern, die in ihrer Küche die Vorlieben der Nationalitäten integriert haben, aus denen sich dieses heterogene Volk zusammensetzt, ist es gelungen, die Vinaigrette mit Ketchup zu vermischen, in jedem Fall aber mit Tomatensauce. Selbst Parmesan oder einige Stücke Gorgonzola kann man einer Sauce hinzufügen, die immer einen beachtlichen Nährwert hat.

Bibliographie

F. Sestini, *Sopra gli aceti balsamici del Modenese*, 1867.

L. Pasteur, *Etudes sur le vinaigre et sur le vin*, 1872.

O. ed E. Ottavi, *L'aceto*, 1919.

V. Peglion, *Biologia Agraria*, 1926.

G. De Rossi, *Microbiologia agraria e tecnica*, 1927.

E. Parisi, *Sull'aceto balsamico modenese*, in: «Annali di Chimica applicata», 18, 1928.

M. Sacchetti, *Ricerche sulla fermentazione di mosto d'uva concentrato*, in: «Archivio di Microbiologia», 3, 1932.

E. Bettelli, *I segreti dell'aceto*, 1991.

M. Sacchetti, *L'aceto balsamico modenese*, 1991.

INHALT

Die Geschichte des Essigs

Die Kunst der Essigherstellung	S.	11
Eine wohlschmeckende Erfindung	»	13
Der Essig in der römischen und griechischen Antike ...	»	17
Ein weitverbreitetes Desinfektionsmittel	»	20
Ein «romantisches» Heilmittel	»	23

Die Herstellungsverfahren

Wie Essig entsteht	»	29
Die traditionellen Verfahren	»	31
Gepanschter Essig	»	38

Das Wunder der edlen Würze

Was ist eigentlich Balsamessig? ...	»	43
Der Stolz Modenas	»	45
Die Weinsorten für Essig ...	»	54
Das Entstehen von Balsamessig	»	54
Das Geheimnis des Essigs aus Modena	»	59
Die Eigenschaften von Balsamessig	»	61

In Essig einlegen

Frische aus dem Glas . . . . S. 69

Spargel . . . . » 72

Kapern . . . . » 74

Gurken . . . . » 74

Steinpilze . . . . » 76

Paprika . . . . » 77

Kirschen . . . . » 78

Traditionelle Rezepte

Panzanella . . . . . . » 83

Nudeln mit Bohnen . . . » 84

Reis mit Balsamessig . . . » 84

Spaghetti mit Oliven . . . » 85

Marinierter Aal . . . . . » 86

Stockfisch an Balsamessig . » 87

Meeresfrüchtesalat . . . . » 88

Fritierter Fisch
mit Zwiebeln . . . . . » 89

Schwertfisch
an Balsamessig . . . . . » 90

Forelle an Balsamessig . . . » 90

Kalbsbraten an Balsamessig . » 91

Würziges Kaninchen . . . » 92

Rinderfilet an Balsamessig . » 93

Gemüsezwiebeln mit Honig	S.	94
Pikante Auberginen . . .	»	95
Salatmischung Kalabrien . .	»	96
Milder Endiviensalat mit Bresaola	»	97
Mariniertes Kalbshirn . . .	»	97
Salat mit Gemüsezwiebeln und Sardellen	»	98
Bohnensalat	»	99
Lampasciunisalat	»	100
Eiersalat	»	100
Spiegeleier mit Balsamessig	»	101
Edle Marinade	»	102
Milde Kapernsauce	»	103
Minzsauce mit Balsamessig	»	103
Sauce Hollandaise	»	104
Erdbeeren an Balsamessig .	»	104
Vinaigrette	»	105
Bibliographie	»	109

Kommen Sie jetzt in den Genuß

Immer mehr Menschen erkennen, daß Essen und Trinken Teil unserer Kultur sind. Darum unterstützen immer mehr Menschen SLOW FOOD. Denn die internationale SLOW-FOOD-Bewegung setzt sich für die Achtung der Lebensrhythmen der Menschen und der Natur als Ursprung aller Nahrung ein; für die Verbreitung hochwertiger Lebensmittel, die naturnah mit sinnvollen Methoden erzeugt werden; für das Bewußtsein, daß jedes Land, jede Region und jede Jahreszeit eine Vielfalt von Nahrungsmitteln hervorbringen.

Darum machen bei SLOW FOOD alle mit: Produzenten und Händler, Winzer und Gastronomen, Verbände und Journalisten – und viele, viele private Genießer.

Mit der Anmeldung zur Bewegung SLOW FOOD International bekommen Sie automatisch Ihre Mitgliedskarte und ohne weitere Kosten die viermal im Jahr erscheinende Zeitschrift »Slow« zugeschickt. Die Mitgliedskarte gibt Ihnen die Möglichkeit, Rabatte und Vorteile, die unseren Mitgliedern exklusiv vorbehalten sind, weltweit zu nutzen. Außerdem werden Sie regelmäßig über SLOW-FOOD-Veranstaltungen in Ihrer Region informiert.

Ja, ich möchte in den Genuß kommen und werde Mitglied bei der Bewegung SLOW FOOD international.

Firma/Name   *Vorname*

Straße

Land/Postleitzahl/Ort

Telefon/Fax

Beruf

Jahresbeitrag: DM 95,–, öS 650,–, sFr 120,–. Die Mitgliedschaft gilt 1 Jahr.
Sie kann danach jederzeit und ohne Angabe von Gründen gekündigt werden.

Zahlungsart:

☐ Überweisung auf das italienische Postscheckkonto von SLOW FOOD beim Ufficio postale di Bra (Cn) – sede N°. 23-31
Konto-Nr. 17251125 (Überweisungsdurchschlag liegt bei.)

☐ Visa/Master Card   ☐ American Express

☐ Karten-Nr.: _____ Ablaufdat.: _____

Ort/Datum

Unterschrift

Bitte diesen Coupon kopieren und einfach in einen frankierten Umschlag stecken oder faxen an: SLOW FOOD INTERNATIONAL OFFICE,
VIA DELLA MENDICITA ISTRUITA 14, I-12042 BRA (CN)
TEL: 0039 172 41 12 73, FAX 0039 172 42 12 93

Das bibliophile Geschenk für alle, die genießen können.

6/24/80